RARO MAR

ARMANDO FREITAS FILHO

Raro mar

(2002-2006)

1ª reimpressão

Copyright © 2006 by Armando Freitas Filho

Ano em que se comemoram os 50 anos da publicação de Duas águas, *de João Cabral de Melo Neto,* Corpo de baile *e* Grande sertão: veredas, *de João Guimarães Rosa, e os 70 de* Raízes do Brasil, *de Sérgio Buarque de Holanda.*

Capa
Sergio Liuzzi
sobre gravura de Anna Letycia

Revisão
Arlete Sousa
Carmen S. da Costa

Dados Internacionais de Catalogação na Publicação (CIP)
(Câmara Brasileira do Livro, SP, Brasil)

Freitas Filho, Armando
Raro mar : (2002-2006) / Armando Freitas Filho. — São Paulo :
Companhia das Letras, 2006.

ISBN 978-85-359-0894-7

1. Poesia brasileira I. Título.

06-5649 CDD-869.91

Índice para catálogo sistemático:
1. Poesia: Literatura brasileira 869.91

[2012]
Todos os direitos desta edição reservados à
EDITORA SCHWARCZ LTDA.
Rua Bandeira Paulista, 702, cj. 32
04532-002 — São Paulo — SP
Telefone (11) 3707-3500
Fax (11) 3707-3501
www.companhiadasletras.com.br
www.blogdacompanhia.com.br

Para meu filho Carlos

Mares em recuo secaram este chão surpreso
Robert Craft

Prefácio

João Camillo Penna

Ao iniciar a série *Numeral* em 1999, metade ou suplemento da coletânea mais recente que abre o volume de suas poesias reunidas, *Máquina de escrever*, a ser continuada adiante e sempre, "numerando até a morte",[1] Armando Freitas Filho parece ter ligado com um traço indissolúvel o poema à notação do pensamento no tempo. Escrever passa a ser, a cada vez, uma nova vez, a experiência datada e datável de acompanhamento e contagem diária do poema, redefinindo sempre a sua possibilidade rara e improvável a partir dessa anotação numérica ao mesmo tempo singular e repetida cotidianamente. Nessa coincidência tendencial entre o *raro* — significante cuja importância é sublinhada agora — e o diário se situando o poema. Se escrever passa a ser consubstancial a contar, e a forma rítmica, uma aritmética, então o poema enquanto forma do tempo torna-se o que sempre foi, apenas agora mais nitidamente: ritmo, uma nova poéti-

---

1. No Numeral 20, em *Máquina de escrever — poesia reunida e revista* (Rio de Janeiro: Nova Fronteira, 2003), p. 44.

ca a cada dia, escrever sendo tão-somente uma poética, isto é, a experiência mesma da vida como aliteração da vida. A partir de então nos depararíamos, quem sabe, não mais com dois signos, poesia e vida, como queria Sebastião Uchoa Leite,[2] mas com um único signo, vida *ou* poema (*vita sive poema*, diríamos na língua de Espinosa), vazado dos dois lados em um mesmo signo numérico. A numeração "à mão", o "rascunho", a "errata", a "passagem a limpo", "à máquina": marcas insistentes do escrever do poema no poema, a modo de um tique ou de uma máquina engasgada, cifram sempre, e precisamente, a falta da vida no poema e do poema na vida, o vazamento de um no outro, a falta em um que sobra no outro, mas agora depositada numa aritmética em que os dois se dão juntos, viver e contar, em uma transposição ou alternância desequilibrada, nisso sendo e se fazendo: vida ou poema, isto é, número. Se viver é consubstancial a contar, se contar é capturar em pleno vôo o pensamento antes de se cristalizar, então vida ou poema são duplos paralelos, como irmãos siameses colados na base, aliteração ritmada do tempo na frase da vida.

Retomando a série agora, neste *Raro mar* (2002-2006), décima quarta coletânea de seus poemas, situado precisamente na seqüência à suma parcial de sua Poesia Reunida, como suplemento à provisória e falsa totalidade, Armando arma nova máquina, e seu suplemento numérico. E recoloca com pertinência a mesma pergunta: o que significa contar até onde podemos contar, contar até onde seremos forçados a parar de contar, por uma ingerência interna à condição exígua de viventes? Onde parar de contar é um limite interno ao contar: numerar "principalmente o inominado", dizia ainda o Numeral 20.

2. Na orelha de *longa vida*, recuperada na orelha de *Máquina de escrever*, loc. cit.

Mas de fato o que é contar? Contamos naturalmente objetos de mesma natureza, a partir de um termo de comparação: a unidade. Contar é essencialmente contar unidades, objetos cuja distinção é submetida à ordenação de um princípio comparativo e classificatório, o conjunto ou tipo. Mas o que significa contar concretamente o número singular, contar basicamente *até*, como nos diziam, quando pequenos, que contássemos "até dormir"? Contar então é contar sempre apenas o último número, cada número sendo sempre e apenas o último, e a série, o registro retrospectivo da série de últimos. Contar então é função autônoma, maneira de ocupar, distribuir e mover-se no tempo, maneira de ocupar-se deste puro limite.

Fundamentalmente o numeral remete a uma ascese. O primeiro Numeral de *Raro mar*, o de número 32, fala de "ginasticar-se" e de "exercício contínuo" como modo de nomear precisamente a criação do corpo-escrita. Esta cifragem responde portanto à etimologia do termo "cifra" (do árabe, *sifr*, "vazio", por intermédio de *cifra*, do latim medieval, "zero"), e consiste em vazar a vida no vazio da escrita, em convertê-la em base zero, e fazer disso o exercício cotidiano de viver. Escrever decididamente não cabe na vida, da mesma forma como, simetricamente, a vida extrapola de todos os lados a escrita, deste desequilíbrio isomórfico, em que uma se traduz desigualmente na outra, construindo-se o poema. Mas contar *até* fixa este limite como sítio em que viver e contar se aliteram, justamente na medida em que viver coincide com não estar ainda morto, já que vivemos necessariamente enquanto. Escrever a vida do ponto de vista da morte consiste em transpô-la em ritmo: é a operação do poema enquanto numeral. Impossível não citar o de número 55:

Moto-contínuo é número parado.
Marcha no mesmo lugar, mas anda
e desanda dentro do tempo idêntico.
Salvo de mais um dia, o perco, morro
um pouco, em modo igual — marca-passo.

O número salva da série, do "moto-contínuo", "em modo igual", no "mesmo lugar", do "tempo idêntico" ao nos perder. Todo número é essencialmente número parado em si mesmo, mas no seu interior que é puramente fora de si, nos salva por subtração ou soma: menos ou mais um dia. Morremos a cada dia um pouco, e nisso andamos e desandamos ao remarcá-lo na máquina repetida do poema que marca o passo e a passagem do tempo.

A relação entre escrita e existência é necessariamente paronomásica, na medida em que a escrita é reflexo ou repetição, conforme explicitado no Numeral 34, que cito aqui apenas em parte:

Existo por escrito.
Não há espelho
que me fixe por inteiro.
O que fica, lá fora
é a fala em falso
Que não é clara nestas linhas.

Um *cogito* da escrita designa o lugar especular, negativo de uma alteridade ou exterioridade ao espelho e à fala, de um resíduo ou sobra "que fica" e falta no local incerto, "lá fora", ao mesmo tempo exterior ao que se reflete e escreve sem clareza "nestas linhas", e exterior ao exterior — a vida incompleta refletida no espelho, fazendo-nos ler por contaminação o prefixo "ex-"

em "escrita". E é precisamente sob a égide da alteridade que se desenha, no primeiro poema da coletânea, "Outra receita", e em toda uma série de "repetições" de Drummond, convertido na função CDA, ao longo de *Raro mar*, a mediana improvável entre a fórmula cabralina (negada) do poema como "resultado", e a drummondiana (afirmada) do processo resolutamente inacabado, que "admite tudo": "a relojoaria/do dia [...] se fazendo [...]/sem hora para acabar". O poema não lê objetos prontos saídos da oficina, mas, a modo de um sismógrafo, capta o risco de ameaças iminentes. A oposição entre o acabado e o que se faz fazendo-se, entre o particípio e o gerúndio, afina o motor do poema ao do tempo "da vida inteira", da "finalidade sem fim", poderíamos dizer distorcendo a expressão kantiana, do poema ao mesmo tempo e necessariamente intérmino e terminal ("Duas mesas").

"Quem relê Drummond é sempre um outro" ("Releitura"), indica o programa de uma escrita que é leitura e releitura, e que ao repetir altera-se, nisso se fazendo. Uma série de repetições espelhadas, variações em torno do tema da leitura e do livro, irá convocar, além dos dois poetas, outras leituras de cabeceira (Ana Cristina Cesar, Nabokov, Willi Bolle e Rosa, Machado, Ponge...), onde não faltam ainda os artistas plásticos (Cézanne, Monet, Amílcar de Castro, Hélio Oiticica, Franz Weissmann, Lígia Clark, Francis Bacon...).

O autor como leitor, o autor e o leitor são repetições refletidas e alternadas que remetem sempre a um outro, que é outro deste outro, imperceptivelmente diferente, como no final de "Carga":

Quem é que assina a sintaxe retorcida:
O autor, outro, anagramático, ou este eu
atentado, que não se explica e explode?

Ou:

o autor, outro, anagramático, trocando de gênero, para melhor disfarce, ou este eu atentado, que não se explica e explode?

O mar do título é índice do poema na situação da cidade do Rio de Janeiro. A constatação de sua raridade atual (mas algum dia teria sido abundante?) é a expressão de um valor e um diagnóstico, sendo o cálculo do mar "de longe" o nome do ofício da poesia ("Limpo e seco"). Que parte de uma "ablação do mar" datada (em "2004"), de sua "falta" (em "Trecho"), passando pela "impropriedade" insalubre de suas águas, anunciada nos jornais (em "Litoral"), e tantos outros poemas, para fechar-se no belíssimo "Acústico" da quarta capa, com a sua "transmissão" sintetizada, e indireta "desde o centro de cimento da cidade" seca, gravação calcária em que a onipresença do mar torna-o paradoxalmente invisível, nesta rima do excesso com a falta absoluta ("Rio de novo"). Na cidade de mar raro prevalece o seu anagrama: a "arma" e os "jogos de armar"; que no espelho da literatura pode ser lido como erótica guerreira, "amar/armar", em *Grande sertão: veredas* ("Rosácea"). É a cidade literal do litoral brasileiro, do narcotráfico, da guerra dos morros onde não apenas o mar morre, de calçadas "calçadas de corpos", do "micro ondas/de pedra e pneu", do "rap", do "funk", e do "zap", de mortes transmitidas em "código/por celular", que surge aqui diagramada sob a forma de um detalhe na paisagem estática. A cidade que nos espreme entre a paisagem automática do cartão-postal, do sol cáustico de suicídio — e o tráfico. Armando pergunta-se aqui sobre a condição de possibilidade do poema na nossa vida de assaltos, de revólveres, e de homens-bomba, em que viver passou a ser uma "roleta-russa". Pensar o mar possível, pensar o poema, hoje, aqui, é a tarefa do poeta do tempo em seu tempo — marca de seu rigor e fidelidade à imanência de uma situação. Como escreveu CDA, em "Visão 1944": "Meus olhos são pequenos para ver...". Mas a CDA é preciso ainda acrescentar uma volta: em Armando a máquina-mundo, o mundo-máquina — relógio, revólver, motor — é integralmente poema e sujeito, dele não mais se dissociando. E se o poema é vírus, doença virulenta (como em "Doente, imaginário"), violência inseparável da que diagnostica na cidade em *Raro mar*, onde brota o acidente da flor, que não cura, mas que perturba e violenta? E se, como em Armando, o poema for integralmente recepção da violência; não mais refúgio, mas violência ritmada? Não uma estetização da violência, mas simplesmente a condição de estar no mundo. É então que a poesia dá a sua lição mais difícil, e nos ensina um caminho: pensar a violência, receber a violência, como maneira de viver. Não a única, mas uma maneira.

Rio, 21 de junho de 2006.

RARO MAR

Outra receita

Da linguagem, o que flutua
ao contrário do feijão à João
é o que se quer aqui, escrevível:
o conserto das palavras, não só
o resultado final da oficina
mas o ruído discreto e breve
o rumor de rosca, a relojoaria
do dia e do sentido se fazendo
sem hora para acabar, interminável
sem acalmar a mesa, sem o clic
final, onde se admite tudo —
o eco, o feno, a palha, o leve —
até para efeito de contraste
para fazer do peso — pesadelo.
E em vez de pedra quebra-dente
para manter a atenção de quem lê
como isca, como risco, a ameaça
do que está no ar, iminente.

Espelho e cego

A cabeça não passa o corpo a limpo.
Passa em revista, apalpando-se
apalpando-me, pois revisão implica
em revolver o sintoma, auto-operar-se
sem a lâmina estética da anestesia.
Em atacar, ao se reter, no espelho de repetição
e se reler, por dentro, a fundo — rever
com a aparente outra mão, os irremediáveis
pontos tortos das linhas costuradas na urgência.

Impossível sair ileso ou iludido, depois
de explorar o plano, de repente o íngreme frágil
os relevos gritantes do dia em diagrama:
perdeu! O pensamento se move cego
para o ladrão — corre, escoa, desaparece
longe, logo, ladeira precipitada no escuro
sem saber onde parar, onde o ponto final
do interruptor na velocidade da parede
só tato até topar com a máquina quebrada da pedra.

Emulação

Sua morte empurrou minha mão.
Sua mão pesa sobre a minha
e a faz escrever com ela
não como luva de outra pele
mas como enxerto de outra carne
emperrada, como a vida dela
que parou, e vai apodrecendo
dentro da minha, suando suor igual.

Limpo e seco

Mão pesada, apesar da advertência.
Não toque assim, diante do leitor
que hesita em ler na sua página
a matéria até agora em convulsão.

Embora amor, deixe que amanheça
o gesto que a noite carregou.
Acalme, corrija o coração, a cor
vermelha ainda com muito sangue.

Deixe que o pensamento pare na folha
do dia claro. No verde rigoroso
imaginado, pois daqui, de longe
não dá para calcular o mar.

Uma leitura do livro

Abre a capa que pode ocultar a espada
a folha de guarda, o falso rosto, o rosto
o título, o nome, agora em maiúsculas
que já é o índice do que se vai ler e imaginar:
cada página virada é o mais puro
movimento do pensamento que encontra
nesta superação a sua melhor imagem.
Mas é no claro e escuro da entrelinha
que o autor e o leitor se confundem:
um de um lado, outro do outro
da grade do texto — quem está dentro
ou fora? — até que a capa se feche.

Leitura

Lolita se lê de um gole:
vinho tinto que varia até o branco
à espuma do champanhe.
Ou degustando, gota a gota
o artifício da língua inglesa
e de outras que traduzem bem o torneio
da linguagem americana do seu corpo
que um russo usa e abusa, sub-reptício
no desvio, sob pseudônimo
para usufruir melhor os sentidos ocultos
o mel e a penugem das pernas
a axila lisa ainda sem a lixa do cabelo raspado:
com os olhos, quando na quadra, com a boca
lambendo o suor logo depois do tênis
na virilha, loura e acre, antes do banho
e novamente com a vista
na bicicleta, fugidia e fria, no fim do dia.

Rosácea

depois da leitura do livro
grandesertão.br, de Willi Bolle

Amar com as mesmas armas, saindo da prisão do espelho
partindo do igual para o outro, um pouco diferente —
partido — mas com semelhante organização de dados.
Voz a voz, através do dia do rio, da via do imaginário
não conseguindo doar-se no claro da vida, dividido(a)
no arrepio da lei ilusória, a morte te denuncia
declama, declina, o dia-a-dia do corpo do seu nome:
diador, diadema, diadorama, diafilme, diah!dorim
de sangue estanque na margem de permeio.

Perfil

Machado não tem o corte
do machado, nem o gume, o gesto
brutal do braço que o empunha, mas
a firmeza da mão que escreve o livro
(tirado da árvore abatida pelo golpe)
com pena afiada, atroz, e tinta medida
onde a gente se lê, lendo-o
e se corta, desprevenido, de surpresa
no fio da folha do papel fino.

Sonetilho do falso CDA

Pele sem ofensa
sob perfume calmo.
Nem o beijo mais leve
alcança sua pétala.

Coração unânime
exposto sem anúncio
de ferro adjacente
que o reveste.

Como lidar
com o delicado núcleo
do seu mundo?

E depois, da nudez
da sua alma
que a vida empederniu?

O observador do observador, no escritório

Drummond é o cara: se abisma
ímpar, sabendo que viajar, despedaça.
O que fica para trás, o que não se arrumou
na frente, sensível ao que a primeira mão
perde, e a segunda, segura, tenta.
Auto-estrada pedregosa, de ultrapassagem
ou desastre, de dura travessia, que ferve
do lado do mar, meigo e mordaz.

Impressão

CDA marcava à unha
no papel-bíblia, as linhas
os versos que interessavam.
Não usava grafite ou tinta
que atravessam a pele de hóstia
da página que pedia aos dedos
o toque sem gordura do vento leve.
Mas marcava à unha, como sua poesia
que nos atravessa.

Releitura

Quem relê Drummond é sempre um outro.
Mesmos olhos que ganham, a cada vez
lentes melhores, ou é o olhar que vê por novo ângulo.
Poesia de tantos anos, não se dissipa — muda de posição
alcança inesperado matiz na ponta do verso livre:
drummondicionário em perpétua elaboração, se reescreve
até quando de cor ecoa, livro aberto
que inaugura, iluminando de forma diferente
o sentido da página da vida em trânsito
os verbetes que vão da manhã porosa à noite emparedada.
Drummond difere, desfere, divaga, diverso
linha a linha, movendo seu traçado, de acordo
com a transformação que se imprime em nós, impressentida.

Doente, imaginário

CDA não tem cura. Quando pega
não passa, e martela virulento:
na cabeça, introduzindo uma voz
que esquizofreniza, insistente —
Dos cem prismas de uma jóia,
quantos há que não presumo.
No ataque do coração, tatua:
amor, a quanto me obrigas
e no sexo, a sentença, dura —
os amantes se amam cruelmente.

Uma vez inoculado, CDA circula
sem saída, sem vacina no sangue
hospedeiro, invadindo a cidade
mesmo sem poder detonar Manhattan:
terrorista avant la lettre que guarda
na boca o gosto feroz, a água ardente
mistura de *mel e asfalto, na curva*
perigosa desta dor, na escada, onde
nosso beijo e baba se incorporam
no verso, que é câncer, da vida, derivado.

Duas mesas

A mesa começa com o dicionário fechado.
A palavra luta para sair, levantando
a capa dura, as mil e uma páginas da noite
e abre a outra aba, a folha da janela para
o lugar deserto de árvore, agora horizontal
aqui dentro, aparada de pássaros, pronta
para a apuração do papel e da escrita.

A mesa-máquina de um, não se completa.
Sua carpintaria apesar de todos os planos
de muita plaina, é errática, se acrescenta
de novos talhes, apaga-se e recomeça
o trabalho nas tábuas, móvel, arrastado
no pensamento, que se reescreve, constante
e onde o escritor é rascunho e resultado.

A mesa do outro é de fazenda, da vida
inteira que passa feito um torno
e a modela, ano após ano, extensão
da família, tábua corrida, marcada
pelo arroubo, soco no tampo, pelo
prato escaldante que se devora, pela calda
enquanto por baixo os pés se encontram.

As mesas acabam no meio.
Tronco sem braços, prancha e pregos
em Ponge, pedaço de cruz, em Drummond:
calcadas, vazias, estendidas, tábua rasa
ambas intérminas e terminais, entre
a cadeira e a cama, postas, imóveis
para a escritura, comida e morte.

Laudo

Sua mão de enxada imprópria
para a pena, cheia de nós e veias
não combina com a magreza
do braço, do corpo, do corte reto
do perfil que o nariz conduz na face
feita a traço, com a linha fina
da boca, de voz travada, taquigráfica
com os olhos de bola de gude azul
atrás do aro dos óculos de tartaruga.

Sua mão grossa é para medir
o espaço das perdidas fazendas
e anotar no livro-razão, não o ar
o céu que as cobre, o sublime
controle das nuvens, a palavra
precisa e preciosa descoberta
mas o deve & haver da criação
no dia corriqueiro que a vida
e a morte transpassam indiferentes.

Aporia

Entro no abrigo
do mundo cerceado
sem espaço sequer
para abrir parágrafo

que descreva, rupestre
a metamorfose do inseto em ser
que contesta a necessária
escuridão inexplicável.

Zenão, não me formule
em surdina nem pelo absurdo
de me sentir liberto quando preso

neste labirinto, sem vestígio
de raiz ou flor provável
de portal na terra, camuflado.

Anatomia

Alguma remissão, mas a diferença
prevalece: se em "MM", in *Duplo cego*
ambas eram "insinuantes e sinuosas"
aqui, esta, única, Ana C., multiuso
até a medula, é só sinuosa
de sub-reptício enlace.

De repente, cobra, cobra mesmo
começando por si, ilha enrodilhada
mas que vai variando, invisível
a olho nu, pronta para o bote
que a lança rumo ao desenlace:
picada curta · presa · do próprio veneno.

Três tipos de pedra

A sucessiva montanha de Sainte-Victoire
vista de várias distâncias.
A Catedral de Rouen
diante das diferentes horas do dia.
O Empire State, filmado sem parar
com a câmara parada — frontal
acendendo e apagando suas janelas.

Ar e terra

Antes do maçarico, o pensamento
corta, recorta, a massa cinzenta
da chapa de 1/2 polegada de ferro
na qual se forja a obra a fogo
sem solda na dobra da placa solo.
Depois, a tentativa vitoriosa risca
com o grafite quase carvão
o papel, o protótipo, o piloto
em escala compatível com a mão
que apanhou no espaço, o bólido
em peso e pouso, ar e terra, que ganhará
enquanto esfria na fundição, universo
tamanho de astro, grandeza áspera.
O que sobra é o resto do sonho
através do pincel, do gesto espalhado
que assina com tinta preta na folha de desenho
não o nome Amílcar de Castro
mas o gráfico de sua marca.

Móbile

parangolélio —
    o sol central completa
a idéia nua em que o vento investe, arma
num passe, fugindo do carretel: capa de asas
bandeira despregada, inconsútil, sutil
dança de guerra do carnaval que chega
ao espaço, ao espalhafato, spam
desde de dentro —
        parangolego

w
        para Eucanaã Ferraz

Franz Weissmann faz o vazio.
As letras do nome sibilam no espaço
assinam o ar, o raio, a luz vermelha
usando sua velocidade intrínseca.

Fixa, sangrando, a dobra de sombra.
Tira do éter, do etéreo, secante
o que se evaporava, invisível:
fio finito limítrofe c/ infinito in limine

DUAS LINHAS

para Carlos, esgrimista

A luz do florete não é a da flor contida
mas a do toque —, da hipotética ferida.

DECLINAÇÃO PARA GERTRUDE

ror de rosas rosas

UMA LINHA EM P/B

pensando em Ruy Belo

gaivota de papel rasante e sua sombra simétrica no alto céu

FRÁGIL

A mão do Mestre pega o barro
com "esperança de escultura"
e retira os retirantes que pe-
zunham na humana condição
na caatinga, e os põe de pé
no seco e árido, livre da lama
que os prendia na paisagem
repetida: passam, sem sair do lugar

fixados nas fotos de Pierre Verger
vitais e passageiros vitalinos, prontos
para voltar ao barro, quebradiços.

ligyalinha
      metálica, vertebrada
estala — clark!
e se acrescenta da dor da dobradiça
da asa desdobrável
por mão humana, alheia ao ninho de marfagarfos
despreparávida diante do animal/lâmina
espelhado, que se aguça — bichos, bicos.

"Misto de mel e de asfalto"

Pele de carro esporte tem tanto de esmalte
quanto de carroceria, pois a linha felina
de luxo e rústico do couro retesado ao sol
— friso metálico na velocidade a descoberto —
o gosto do cheiro de suor novo e natural
que não se deixa disfarçar por perfume algum
combinam, verniz e músculo. E se por fora
é a juventude, o rock, o chiado do mar
que recortam o corpo, por dentro, ligada e acesa
a melodia que toca e modela o molde
além de *Smell like a teen spirit*
é a do opus 75, de Shostakovich.

Mors ego sum mortis:
vocor agnus sum leo fortis

Tatuagem forte em lugar nobre.
Verter, perto da fonte de cabelo
para a língua próxima, a sensação
emaranhada. Meu latim longínquo
claudica, mas os sentidos estão abertos:
a morte da morte morde o ombro
chamam-me cordeiro, e meu nome
prevalece — com a força do leão.

Segredo

Boca rasgada na vertical, costura
fechada de cabelos ao longo.
Negror e cor cinza-rosa murcha
no fundo, no centro, botão perceptível
que se exaspera
chegando até ao escarlate, ao esmalte
vermelho vivo das unhas molhadas
ao sangue mesmo — entre, no meio.

Devoração

Cada qual quer um bocado do corpo.
Muito, tudo, o que der para ser saqueado.
Os membros translúcidos no fim, louros
cobertos de sol, mesmo no escuro da mortalha de terra

(um bocado, pouco — um pedaço de cabeça
emite ainda a linha prismática do pensamento —
escrita através do arco-íris de canetas —
imaginando e corrigindo o auge e a agonia de cada cor).

Fatalidade

Fogo selvagem acelera a madrugada
e se antecipa à chama submissa
do dia pleno, que atinge, por igual
com a dor ainda maquiada, a pele.
Queima, concentrado, detalhes do rosto
corpo, a mão inteira da escrita, do estigma
e marca o acidente da beleza.

Relógio

Ao fulgor do cetim falso e barato
com o qual a luz armada veste
e enverniza a pele nua, contrapõe-se
o ultimato da iluminação natural e atroz:
a do circuito do dia cada vez mais curto
a do comutador ríspido e terrível
ligado por um instante na escuridão
do quarto, onde na memória que a mão
carrega, se encontrava o antigo reflexo
consistente do corpo, mas que exposto súbito
e cru ao horror da luz do olhar, contra a parede
se derrama, não resiste, enruga — existe, só.

Em pó de pedra

No semi-árido do seu raio
nenhuma cor floresce.
Céu sem mar, só de cimento.
Deserta, não abre o gesto
não se dissemina pelos poros
pelas veias de estátua onde
o sangue é frio, parado
na força da expressão pétrea
que não se derrete nem no íntimo.

Flor sem ar, de oleoso ódio
vinga, entre paredes
desafiando, constante, a natureza —
presa, que a quer penetrar —
procurando a fresta, a mordida
ou o que está atrás da fechadura
impecável e areada:
o amor moído, viscoso, o mel da carne.

Pensamento e passo

Arma de lágrimas, alma
que engole em seco
e falha. Viver, ferir, picotar
a passagem, e sem cicatrização
se emendar, à beira das máquinas
dependente, na expectativa
de que qualquer coisa enguice
antes de nós e elas nos faltem
para registrar e cobrir
mesmo com um número anônimo
a corrida do corpo, sujeito à deriva
no dia que ainda não acabou
para a noite entrar na agulha.

Noctívago

*Não sei se estou sofrendo
ou se é alguém que se diverte
por que não? na noite escassa*

com um insolúvel flautim.

CDA

para Eduardo Guerreiro

Tudo o que o dia indigesto engendra
serve para entortar a noite.
Serve para cariar o sono
interromper a linha da cama
movido pela dor da idéia fixa.

Primeiro, pontilhando, depois —
drástico, em cheio, — direto no cérebro
no pensamento comprimido —
pelas paredes do quarto, onde se tortura
no cimento armado e feroz —
de pé, de quatro, no catre, deitado à força
sobre o lençol irregular e azedo.

O mostrador dos relógios, no escuro
oculta o número da hora.
O tempo pára no espaço e passa.
O corpo corre, inominável, inumerado
sem ter quem cure o coração que morre.

Carga

Atento. De saída, para a gramática
para as ruas tortas: sujeito camuflado
perdido na oração, criptográfico —
esquerdo — escreve, fora da linha
a cifra que se infiltra entre as letras
no desvio do pensamento, na variação
temática, no devaneio do jardim
debaixo da mudança de uma nuvem.

Frase de armas que não abre diálogo.
De surpresa, a palavra estoca
numa mesma bainha, faca e facada
e vai fundo, sem esgrima, clandestina.
Depois se retira, invisível.
Quem é que assina a sintaxe retorcida:
o autor, outro, anagramático, ou este eu
atentado, que não se explica e explode?

Ou:

o autor, outro, anagramático, trocando
de gênero, para melhor disfarce, ou este eu
atentado, que não se explica e explode?

Tríptico

imitando Francis Bacon

O arquiteto

Emparedado ou preparado no quarto-forte
no aparelho sem janela, cada dia
à cabeceira, o copo d'água
se envenena, escurece, o relógio
de pulso retroativo, vai em frente
irredutível, bate seco na quadra
do tempo, na superfície da vida.
Sonho preto de labiríntica engenharia
se levanta em linha reta, contra a luz
do sol, ao ar livre, pronto para o assalto.

Homem-bomba

O corpo insuportável erra, se auto-empurra
calcificado, intramuros, e no caminho.
Atravessa trincheiras incorporando
o entulho das paredes repetentes
entranhadas em si, indissociáveis, com o que tem
de similar à alvenaria: osso, dente, unha, cálculo
cumprindo o destino mal traçado nas linhas da mão
no seu alcance máximo, e purga, na implosão da fé.

Ecce homo

Asfalto pânico. A flor não fura mais
a dura casca preta. O terno, depois
o carro blindado até os dentes do radiador.
Colete à prova de bala, roda de titânio
que o terror sem rosto dirige, explosivo
invisível, atrás de vidros negros —
fúnebre e fantasma — cheiro de couro
virgem, carne de caralho, loção
pós-guerra, punho, pulso no volante
segurando não sei quantos cavalos.

2004

Com a ablação do mar, resta o rochedo absoluto.
Chão de marte, da guerra e intempérie.
Trovoada de cachorros, árvore gaga e magra.
Entre prédios detonados, vinte anos depois
a pele difícil da agreste juventude: desmanche
de crianças, jardim travado, não verdeja, deu pau.

Trecho

para Marcelo Diniz

Com falta de mar, baleia abalroa a beira
da cidade — os ossos aparentes areados pelo sol
doendo a cada polidez: o céu se suspende
para além da dentada em contra-ataque
que vai afiando os dentes, e o pensamento
se prepara para a aresta, o corte, luz acesa
à flor da pedra, próximo do medo, do motor
que morde, não morre, das correntes do mar
no dia claro, entrando pela noite afora
na trilha para voz, lâmina e metrópole.

Geral

Multidão-manifesto posta à margem
da cidade construída, opera e circula
porém, no seu território interior.
A pé, descalça, mancha na pedra
arranha o que passa: a frente dos dias
com voz, gesto e gosto, na contramão
do sentido, correndo entre carros
apontados para o sul, onde o sol
é particular, domesticado, nas piscinas
oposto àquele — público — que queima
que pega na praia e no asfalto
que assalta cheio de dor e sangue oculto.

No contracampo se resiste: em riste, não.
Mas no empate, cara a cara, buscando
miscigenar-se com a outra margem.
Alguns para minar, outros repetindo
a base, o posicionamento do começo.
Vida-vírus, mutante adiante, meta
morfose antiteratológica, quase
clônica, em constante recapitulação:
versões, sinais diacríticos, interferência
invisível ao olhar desarmado, na letra sob a lente
microscópica da revisão, geram o código
impuro e certo, alterando-se desde a origem.

Firmamento

De que lugar vem o céu azul acentuado
por nuvens brancas esporádicas, decorativas
que os computadores guardam em conserva
como proteção de tela? Cobre que país
que tipo de vida e oceano, qual hemisfério
com a sua insinuação de paz e beatitude?
Seu papel de paisagem parada é cenográfico
ou se pretende inconsútil, simulando virtualmente
o ar rarefeito, próprio para deuses, capturado?
Quer sugerir, como doping para o espírito
que em baixo do campo do monitor, de onde se escreve
a terra pode ser de guerra, alvoroço, maremoto
sob a indiferença impassível de parte da natureza?
Este céu que funciona no altar desta representação
é eterno, etéreo, de fé, ou técnico, desligável
usado apenas pelos ícones de serviço, isentos
de transcendência, pausa vazia dos incrédulos?

Litoral

Cidade em armas, rabiscada.
Cheiro de suor morto à luz latejante
da sirene, com sonoplastia feita
de rumores, dos sustos curtos sob o cerco
das amontoadas montanhas atormentadas
não pelo raio, nem por nuvens pretas
ou chuva de pedra, trovoada, tempestade.
A natureza, num instante, sai do lugar
da margem do risco que o mapa permite:
nada, como um dia depois do outro, nada.
O insulto do azul automático reina
absurdo e indiferente, e sugere
sol, férias, verão, que ocorrem, paralelos
ao desastre deste dia intransitável:
na calçada, calçada de corpos
no sinal vermelho coagulado em cima
dos malabaristas do mal-estar
diante dos carros de caras amarradas
nas praias, de mar impróprio.

Unready-made

Mix de catre-carro-arca feito de desmanche
de madeira disparatada, céu aberto, desastre.
Motor arcaico de músculo moído, suor, berro —
/arcacatrecarro/ — empurrado pedra acima.
Ponto de partida, de chegada de récamier primitivo
carroarcatre cheio de jornal, cacareco, catapapel
pano, papelão, lata, cachorro, criançacatarro, resto
de carroça esquelético, catrecarro arca, com lixo
com tudo que perde, e junta parcelas no chão do percurso
carrocatrearca rangendo no asfalto sobre rolimãs
movido a álcool, cola, a calão na fala estropiada.

Morro

Susto de montanha, detalhe de mar
morrendo — o sol flagrante.
Vista de helicóptero, as casas se alastram
sob o rap, o zap, o bater das hélices
como jogos de armar que não acabam
pois faltam peças da mesma marca
e se repuxam, nas lajes.

A morte se transmite em código
por celular rascante, funkeado.
Linguagem de carregação, vozes
ruins, desdentadas, mas os dentes
que restaram são ferozes, inflamados
em cima da hora, nas tevês ao vivo
nos jornais de mau hálito, nos transístores.

As vidas não registradas apodrecem
sem conservação, no ar livre, no microondas
de pedra e pneu, ao peso de cada dia indeciso
na soleira das construções suspensas:
máquinas de morrer e comover, pelo desabrigo
de teto vão, porta precária, parede temerosa
do aço que passa raspando, e acerta em cheio.

Rio de novo

A cidade me rende mil montanhas
o mar, que de tão onipresente
não é mais visto nem a maresia
sentida. O céu passa abreviado
o coração pára sob o sol obrigatório
que continua batendo até o suicídio
de cada dia, de todas as cores, na noite
onde morrem convictas estrelas traçantes
no palco armado para a lua.
A cidade me rende e imprensa — entre
paisagem e tráfico — à mercê da carne.

Revólver

Cada dia é uma bala de roleta-russa.
Cada casa, cada câmara pode estar por acaso
vazia ou ocupada.
No primeiro caso, depois do susto
o dia pára, na cara da paisagem.
Num segundo, dispara.

NUMERAL

32

Ginasticar-se
no centro da casa estéril.
Criar corpo fora da linha da família
ferir-se dentro das paredes da cabeça
onde o pensamento é peso, sangue parado.

Vazar, sair da fila
e entrar no perfil fugitivo e fluido
do desequilíbrio, do exercício contínuo
e fazer um puxado, a partir da planta
da árvore insuportável, com o vento ausente.

29 VII 2002

33

sobre uma foto de Murillo Meirelles

Não há gosto de riso no seu rosto
que vem de outro reino.
Ainda por demais impreciso
antidoméstico, cego, sem mesura.
O que há não tem medida ou serventia.
Mão anímica por duas vezes detida
no parapeito — na pele esticada, própria
de estátua, agora; depois, láctea, na fotografia.
Anjo sem o arremate do ar, entre carne e mármore
lapidado a partir da lápide, sob cinzento céu.

30 VII 2002

34

Existo por escrito.
Não há espelho
que me fixe por inteiro.
O que fica, lá fora
é a fala em falso
que não é clara nestas linhas.
Apuro.
Em preto-e-branco, pois as cores
desistiram, não porque a luz piscou.
Ela agora é sumária, mas bastante:
luz natural, da janela, sublinhando
com força, os recortes duros
da mão repetida, amarrada
pelos mesmos reflexos.

2 VIII 2002

35

Na entrelinha, o silêncio de estátua
da sereia pesa e prende mais que o canto.
É a ameaça, a iminência da sirene
o revólver na têmpora, um segundo
atrás do tiro, a janela aberta
para o salto ainda não articulado
o ser incerto se formando, a invisível
leoa de pedra, um instante antes do cervo.

8 VIII 2002

36

Ver morrer quem pretendia
sem intenção de crime
mas por presunção cronológica
espiar minha morte, meus olhos
abertos/fechados, cegos, definitivos
diante do moto-contínuo dos dias
dos dínamos eternos dos deuses, do acaso
é vingar-se por instinto, às vezes, em paradoxo:
apunhalando mortalmente a si próprio
e também a indiferença da natureza
que disfarça e tenta manter a aparência
a lógica presumida da rotação prevista.

2 IX 2002

37

Dia adverso, desde o dado mais íntimo
do corpo, que se corrige, e cada vez mais
é rascunho, sob os riscos de tantas emendas
até o que passa longínquo, público e impresso
também sujeito a alterações, a erratas
iguais a esses superpostos pensamentos.

13 IX 2002

38

Gosto de alma na boca.
Não sabe a hálito do trabalho
do corpo, cavernoso.
Não sabe.
Não remete a nada, degustável.
Nada.
Isento de gordura e doce — surde
desde o começo da sensação:
transparência de orgulho e lágrima
antes dos dicionários, dos sentidos
se derrama, sem o álibi do mar.

10 X 2002

39

O dia custa, vai devagar
a noite, atropela, em pêlo
a perigo, quebrando a pata
de encontro a pedra, pega
pára, em tantas aliterações
o pensamento emperra
repete, mecânico, o reflexo
do primeiro passo, com o freio
puxado, desde a frase inicial
que não divaga, não libera
a imagem sugerida, ruminante
nem dispara a outra, do cavalo
apesar do cão, para trás.

4 XI 2002

40

a) Sol insustentável.
Nuvem não. Não ainda.
Quando for será
como um pássaro no ar
que desaprendesse?

b) Calor de laje, de cal viva.
De telha-vã, de céu fechado
por cima.
De pás de terra, para sempre.

19 I 2003

41

A noite desafia o dia
que cada dia é menos um.
A noite é uma só, una, parede
levantada contra a luz
que ainda a salta
ou quando não mais
a atravessa usando a força
que sobrou, nos pontos
onde a costura não substituiu o alinhavo
no pano de pedra, no preto da capa
fechada, que tem a nuvem por capuz
da montanha tamanha, desde o chão ao céu.

27 I 2003

42

Destrava o que o ar segura
e o chão clama.
Instante imprevisto do tempo
não sujeito à cronologia.
Transpira, transparece
se entretém — vide verso livre e único
que, do outro lado, ao revés, emite sua aura
de animal arisco à mão caçadora
e ilumina algumas linhas
dando vida, fibra, força
à trama do aramado inteiro.

11 III 2003

43

Seu gosto se aproxima da palavra almíscar.
Da palavra, não do odor da substância
que procuro no dicionário, pois nunca a testei.
No entanto, em você mastigo almíscar.
Mistura de dor e flor, rima óbvia, dueto vocabular
tantas vezes tentado, mas aqui o que molha minha boca
sabe a surpresa

13 IV 2003

44

Parar de escrever pode ser morrer.
Mas se não for? Dias sem ruído.
O kastelo interior em ruínas acabadas.
A "tresnoitada luz", de Borges
batendo em cima do "sol aparafusado"
de Van Gogh, no texto de Artaud.
Não poder nem sonhar mais por escrito
debaixo da lua implacável, de Goeldi.

2 V 2003

45

A linha preta do pensamento
— trêmula, feita à mão —
pauta, de cima a baixo
o amarfanhado espaço
do amanhecer.

Não se escreve nada no campo
deste dia longo, parado
de raro mar, árvore estrita
de paisagem repetente, de palavras
despida.

Não se escreve nada na máquina
deste dia estatístico, indiferenciado
que se produz em série
embora o gráfico se sobressalte, aqui e ali.

2 VI 2003

46

Amar a exclamação da flor
o sussurro do perfume captado
atrás do verniz já seco
que plastifica o que era pétala
sem ruga, de cor e curva exatas e úmidas
na primeira impressão da tiragem
do postal que se repete, parado.

                                                22 VI 2003

47

Safira aqui não se estetiza, além.
Fica no anel, azul, não insiste
em esgrimir, no cair da tarde.
Não conjuga o verbo irisar
ainda que a nuvem disponível
o sol, a umidade, a atmosfera
a desafie com outras cores e pedras:
rubi, topázio, água-marinha
que desmaiam em todos os tons.
Resiste firme na mão, no dedo médio
quase viril, que acaricia outro anel.

                                                29 VI 2003

48

para Claudia Roquette-Pinto

Em vez de ver, vencer a paisagem
articulando a mão com o esforço
de torquês, para abrir os registros
agarrados pela ferrugem, os nexos
os canos que já perderam a luz
para recuperar, além ou aquém
da superfície, a circulação
de todo o sistema de ramais
esquecidos por medo, corrosão
e amparado em imagem mais branda
abrir, então, o leque, inteiro e devagar.

7 VII 2003

49

Quando a bic vira sonda — bico
cisca até no cimento, interrogando
mecânica, maníaca, o chão duro
impassível, insuspeito, simétrico e seco
e põe, nesse emprego, de cabeça para baixo
o ponto de interrogação, agora anzol
que busca algo em água nenhuma
pois desconfia que há outra vida
embaixo da casca da superfície limpa e lisa.
Aposta na existência, rugosa e úmida

da pedra submersa no mundo do pensamento
e ao imaginá-la, a alimenta — lá dentro
aqui fora — e o que não foi peixe
é uma espécie de pássaro áspero
que se irradia no ar, direto da caixa-de-força.

15 VIII 2003

50

Convulsão, pulso sem relógio.
Susto pelo escuro. Medo do corpo
que se prepara, para cair fora
dissonante na noite alta
porque aceso. Janela no paredão.

10 IX 2003

51

Ar de azul.
Diferente do céu absolvido de nuvens, ao sol.
Perto do mar de uma pincelada só, de Pancetti.
Azul não aguado, exclamativo, agudo, que dispara
repetido, como o de Mallarmé — azul de maçarico
soldando o chão da cidade, e o som, às sirenes.

19 IX 2003

52

Por um fio
por um caule, a imagem se levanta
oscilando entre três reinos:
asa, orquídea, faísca
no rochedo.

    Esses filtros não dão cabo
das mil fontes em que
a imaginação se irriga —
ri, se irrita da canhestra
captação que não define
de onde veio, por que veia
a figura que ainda
            não se firmou aqui:
flor, fagulha, cisne, clarim?

                              5 X 2003

53

pensando em Mário e Manuel

Máquina, descrever. A partir desta ordem
à mão, tento, nas suas teclas pretas
com 1 dedo só operante, dizer do que é feita
e do que me faz, há 40 anos: ferro, fera, fé
nas falanges que se extremam em hastes
cada qual com seu caráter, seu caractere
que imprime, vibrante, na fita entintada
as letras, o primeiro plano da palavra

que vai se lapidando na leitura até chegar
ao prisma, à refração, às vezes brusca —
alto contraste em preto-e-branco — outras tantas
lenta, em arco-íris, sem se ferir
mesmo martelando os tipos disparados
catando milho e algarismo, direto no miolo
do mecanismo, na entrelinha da madrugada:
Máquina d'Escrever, "Mariana", "Manuela"
Remington, Lettera 22, Máquina Descrever.

20 X 2003

54

para Luiz Lamy

Entre orquídea e odalisca
o vento é que decidirá
o destino de sua dança
e da sua figuração:
o risco da sombra, o raio da cor
não bastam, pois cabem
nas duas disposições em jogo.
Também o perfume curto
que circula, e uma espécie
de felicidade a perigo, feita
de alfinetes e nervuras
com a correspondente alegria aflita.

26 X 2003

55

Moto-contínuo é número parado.
Marcha no mesmo lugar, mas anda
e desanda dentro do tempo idêntico.
Salvo de mais um dia, o perco, morro
um pouco, em modo igual — marca-passo.

2 XI 2003

56

para Teresa Arijón

O verso livre, feito de ar e músculo
tenta passar, na folga dos motores
o que foi escrito, com o que se leu
e com o que é ilegível, que ainda
está lá, no lado oculto da lua
se desenhando à medida que se capta
a primeira vibração, dentro da mão cega
entre as paredes verde-água do Rio
na boca, na borda do vaso
onde os gerânios deflagram.

5 XII 2003

57

para André Luiz Pinto

Desabalado, escafândrico, ao encontro
exigente, das palavras inevitáveis
sem mediação do pensamento
— barulho de estrofe ou cremalheira —
no escuro acendendo as luzes impossíveis
no campo do imaginário, cheio de degraus.
O leitor custa a ler no sobressalto deste leito
a senha para entrar, se entranhar
na porta, na mesa, na madeira do escritório
no escrito que chega em golfadas, sem atmosfera
parecendo ser o primeiro e o último, simultâneos
mergulhando preso ao pretenso ponto final
com a respiração suspensa — prise, pit stop
até a próxima linha d'água, à tona do papel.

2 I 2004

58

para Eduardo Coelho

Pulso lírico de lágrimas repetidas.
As pontas de suor também iguais
e de inopino. A cama diária se não é
de pregos, é de penas e estrado
incômoda até para se cair morto:
falta sexo, edredom, para sugerir

posse, sono grosso, por camadas.
Móvel rangente, movediço, máquina
de repetição de sonhos, que
como as lágrimas, só parecem os mesmos
na superfície, mas diferem no fundo
pouco e muito: na luz, na sombra
e sendo assim passam e subvertem
entra dia sai dia, o leito idêntico sem desvio.

19 I 2004

59

Avesso ao desejo, na contramão do que ama
o gesto volta atrás, se contraria
investe despido, sem nenhum cuidado
ou luva, contra si mesmo, contra o corpo
apontado em dor, dúvida e destino
surpreendido por esse ataque por dentro
que alcança a flor da pele, e o transfigura:
imagem latente que a luz abundante revela.

3 III 2004

60

Ponto. Não chega a sinal ainda.
De partida ou de chegada.
Não abre período. Não há levada
de texto, percussão de palavra.
Se desenvolve em si sem saber

seu sabor: de ânimo ou ameaça.
Coisa alguma. Nunca será possível
dizer alguma coisa. Mas existe o ensaio
o anseio de dizê-la, mesmo assim.
Então se pode pensar como tirá-la
da latência, para ser dita.
Parada neste impasse, indizível.
Inarredável, o desejo de encontrar
a possibilidade impossível
permanece, em paradoxo, embora
não se saiba o que se tem para dizer
de tão palpitante: se não é um senão,
se não é nada, se não é um nó.

           1 IV 2004

61

Sentimento bruto
em hora perigosa, com a boca suja
no limite do dia e da noite.
Mais para sentir do que escrever
o cheiro do hálito carregado
neste momento de luz insegura:
manhã, amanhã?

Estado ainda não nomeável, alma vazia
da culatra ao cano, da arma
que não decidiu o destino do tiro
do ódio mal disfarçado em quem adora

da dor da sensação inesperada
entrevista de passagem no centro da palavra:
no meio do momento do gesto — que se atira
e não chega ao fim, nem na última linha
do seu alcance hesitante, entre unha e garra.

23 V 2004

62

O relógio é a bomba que o desejo
dos pais deram corda desde
o primeiro batimento, ainda
sob o deles, sotoposto, soterrado.

Depois, paulatino e discernível
desgarrando-se, embora
sempre dependente daquela
ligação original, orgânica.

Agora, a corda encurta na mão
de quem a segura, no pulso do corpo
sem o calço do desejo expresso
na contagem da estrofe inicial.

Mas que continua, puro impulso
cabo-de-guerra, vida e morte
que vai puxar até partir, em cima
do que pode ser mina ou fonte.

9 VI 2004

63

Enfia a mão até achar no túnel
o miolo ainda úmido, sem pavimentação
molhado por um resto de mar
sentindo com o dedo o segredo
o ritmo íntimo da trilha, do trilho
se forjando em riste no calor.

Entra então estranho
no subterrâneo da indecisa identidade
e apesar de toda prospecção
não descobre nunca a linha salvadora
que justifique este esforço repetido
de encontrar a saída para o firmamento.

30 VI 2004

64

Não abrir com objeto cortante
a suíte, em si, já dolorosa:
cidade cicatriz vestindo
a máquina de sua pele costurada
que a cada dia a rua arrebenta os pontos
novamente, insensível à morte que a pontua
e força a porta, o pensamento
com palavras alteradas.

30 VI 2004

65

Porta batendo.
De onde escrevo venta muito.
Voz paterna no meio da última vigília
e do primeiro letargo do sono entrando:
espera áspera, rumor de espada.
Deus não se detém como o dia de hoje
com suas montanhas e máquinas.
Atalho abrupto, trilha destinada
por dentro do teste infindável deste texto
talvez interrompido.

10 VII 2004

Do autor:

POESIA

Palavra (1960-1962), edição particular, Rio de Janeiro, 1963.

Dual (1963-1966), poemas-práxis, edição particular, Rio de Janeiro, 1966.

Marca registrada (1966-1969), poemas-práxis, Editora Pongetti, Rio de Janeiro, 1970.

De corpo presente (1970-1975), edição particular, Rio de Janeiro, 1975.

Mademoiselle Furta-Cor, com litografias de Rubens Gerchman, edição composta e impressa manualmente por Cléber Teixeira, Editora Noa Noa, Florianópolis, 1977.

À mão livre (1975-1979), Editora Nova Fronteira, Rio de Janeiro, 1979.

longa vida (1979-1981), Editora Nova Fronteira, Rio de Janeiro, 1982.

A meia voz a meia luz, edição particular, Rio de Janeiro, 1982.

3X4 (1981-1983), Editora Nova Fronteira, Rio de Janeiro, 1985. Prêmio Jabuti de poesia de 1986.

Paissandu Hotel, projeto gráfico de Salvador Monteiro, edição fora de comércio, Rio de Janeiro, 1986.

De cor (1983-1987), Editora Nova Fronteira, Rio de Janeiro, 1988.

Cabeça de homem (1987-1990), Editora Nova Fronteira, Rio de Janeiro, 1991.

Números anônimos (1990-1993), Editora Nova Fronteira, Rio de Janeiro, 1994.

Dois dias de verão, com Carlito Azevedo e ilustrações de Artur Barrio, Sette Letras, Rio de Janeiro, 1995.

Cadernos de Literatura 3, com Adolfo Montejo Navas, Impressões do Brasil, Rio de Janeiro, 1996.

Duplo cego (1994-1997), Editora Nova Fronteira, Rio de Janeiro, 1997.

Erótica, com gravuras de Marcelo Frazão, Editora Velocípede, Rio de Janeiro, 1999.

Fio terra (1996-2000), Editora Nova Fronteira, Rio de Janeiro. Prêmio Alphonsus de Guimaraens, 2000.

3 tigres, com Vladimir Freire, edição particular, Rio de Janeiro, 2001.

Sol e carroceria, com serigrafias de Anna Letycia, Lithos Edições de Arte, Rio de Janeiro, 2001.

Máquina de escrever — poesia reunida e revista (1963-2003), Editora Nova Fronteira, Rio de Janeiro, 2003.

Tríptico, com arte gráfica de André Luiz Pinto, .doc edições, Rio de Janeiro, 2004.

Trailer de Raro mar, plaquete composta por Ronald Polito, Espectro Editorial [Rio de Janeiro], 2004.

COLABORAÇÃO

Poemas em *Doble identidad/Dupla identidade*, de Rubens Gerchman, Editora Arte dos Gráfico, Bogotá, 1994. Os poemas foram traduzidos para o espanhol por Adolfo Montejo Navas e para o inglês por David Treece.

ORGANIZAÇÃO E INTRODUÇÃO

Inéditos e dispersos — poesia/prosa, Ana Cristina Cesar, Editora Brasiliense, São Paulo, 1985.

Escritos da Inglaterra — tese e estudos sobre tradução de poesia e prosa modernas, Ana Cristina Cesar, Editora Brasiliense, 1988.

Escritos no Rio — artigos/resenhas/depoimento, Ana Cristina Cesar, Editora da UFRJ/Editora Brasiliense, Rio de Janeiro/São Paulo, 1993.

Correspondência incompleta, Ana Cristina Cesar, com Heloisa Buarque de Hollanda, Editora Aeroplano, Rio de Janeiro, 1999.

OBJETO

W — homenagem a Weissmann. Concepção e poema: Armando Freitas Filho. Realização e arte gráfica: Sérgio Liuzzi. Bula: Adolfo Montejo Navas. Pintura e acabamento: Paulo Esteves. Rio de Janeiro, 2005.

ENSAIO

Anos 70 - Literatura, com Heloísa Buarque de Hollanda e Marcos Augusto Gonçalves, Editora Europa, Rio de Janeiro, 1979.

LITERATURA INFANTO-JUVENIL

Apenas uma lata, Editora Antares, Rio de Janeiro, 1980. Prêmio Fernando Chinaglia, 1980.

Breve memória de um cabide contrariado, Editora Antares, Rio de Janeiro, 1985.

TABLÓIDE

A flor da pele, com fotos de Roberto Maia, edição particular, Rio de Janeiro, 1978.

Loveless!, com gravura de Marcelo Frazão, Impressões do Brasil, Rio de Janeiro, 1995.

CD

O escritor por ele mesmo — *Armando Freitas Filho*, Instituto Moreira Salles, Rio de Janeiro, 2001.

DVD

Fio terra, de João Moreira Salles, Instituto Moreira Salles/Video-Filmes, Rio de Janeiro, 2006.

PREFÁCIO 9

Outra receita 19
Espelho e cego 20
Emulação 21
Limpo e seco 22
Uma leitura do livro 23
Leitura 24
Rosácea 25
Perfil 26
Sonetilho do falso CDA 27
O observador do observador, no escritório 28
Impressão 29
Releitura 30
Doente, imaginário 31
Duas mesas 32
Laudo 34
Aporia 35
Anatomia 36
Três tipos de pedra 37
Ar e terra 38
Móbile 39
"Misto de mel e de asfalto" 42
Mors ego sum mortis: vocor agnus sum leo fortis 43
Segredo 44
Devoração 45
Fatalidade 46
Relógio 47
Em pó de pedra 48

Pensamento e passo.. 49
Noctívago... 50
Carga... 51
Tríptico.. 52
2004.. 54
Trecho... 55
Geral.. 56
Firmamento.. 57
Litoral.. 58
Unready-made... 59
Morro... 60
Rio de novo.. 61
Revólver.. 62

NUMERAL 32 a 65... 65

Do autor... 85

Acústico..quarta capa